SÉPTIMA

si su niño tartamudea

guía para padres

THE
STUTTERING
FOUNDATION®
PUBLICACIÓN NO. 0015

www.stutteringhelp.org
www.tartamudez.org

© 1952 UNITED FEATURE SYNDICATE, INC.

La Suttering Foundation of America (Fundación Americana para la Tartamudez) agradece a Charles Schultz, creador de los dibujos animados "Los Peanuts", por compartir a Lucy y a Linus con nosotros. Pensamos que su presencia, ha promovido importantemente esta publicación.

si su hijo tartamudea,
una guía para los padres

Publicación No. 0015

Séptima Edición – 2008
Segunda impresión– 2011

if your child stutters: a guide for parents
Traducido al español por
Martha Tarasco, M.D.

Publicado por

Stuttering Foundation of America
P. O. Box 11749
Memphis, Tennessee 38111-0749

ISBN 0-933388-54-6

La Stuttering Foundation of America es una organización caritativa, no remunerada, dedicada a la prevención y tratamiento de la tartamudez.

A los Padres.

Este libro se ha escrito para padres que están preocupados sobre el habla de su hijo pequeño. Si su hijo generalmente habla bien pero alguna vez repite palabras, sonidos o sílabas, puede temer que su hijo/a esté empezando a tartamudear. Las metas de este libro son ayudarles a distinguir entre disrupciones normales y tartamudez real, que le permitan a Usted empezar a trabajar con su hijo con una mejor comprehensión del problema.

1) **Conozca** más sobre la tartamudez. Cuanta mayor información tenga, experimentará menor temor.

2) **Empiece hoy mismo.** Sabemos que la intervención temprana en niños preescolares es la llave para evitar que un problema menor, se transforme en uno mayor. Los cambios que **Usted** haga, pueden hacer la diferencia.

3) **Encuentre ayuda competente.** Si el problema persiste, aprenda a elegir un terapeuta adecuado para su hijo.

Este libro presenta la opinión de varios expertos en el campo de la tartamudez, y todos le confieren una gran importancia a la intervención temprana, para prevenir la tartamudez en el niño pequeño. Encontrará los nombres de las autoridades en la materia que contribuyeron para escribir este libro en la página siguiente.

Los trastornos de habla y de lenguaje pueden ser frustrantes y desmoralizantes, en especial cuando no se atienden o no se comprenden. Por ello todo esfuerzo hacia una comprensión más profunda, contribuirá significativamente en el bienestar y en el desarrollo normal y saludable de su hijo.

Jane Fraser
Presidenta

Stuttering Foundation

Profesionales que han Contribuido a la Realización de este Libro

Stanley Ainsworth, Ph.D., Autor
Profesor Emérito Distinguido de Corrección del Habla de la Fundación de Alumnos de la Universidad de Georgia.

Edward G. Conture, Ph.D.
Profesor del Departamento de Ciencias de la Comunicación y sus Alteraciones, de la Universidad de Vanderbilt.

Carl Dell, Jr., Ph.D.
Profesor de la Eastern Illinois University, Charleston, Illinois.

Jane Fraser, Co-autora
Presidenta de la Fundación Americana para la Tartamudez.

Harold L. Luper, Ph.D.
Ex Profesor y Jefe del Departamento de Audiología y Trastornos de Lenguaje de la Universidad de Tennessee.

David Prins, Ph.D.
Professor Emérito, Department of Speech and Hearing Sciences, University of Washington, Seattle.

Harold B. Starbuck, Ph.D.
Professor Emérito, Department of Speech Pathology and Audiology, State University of New York, Geneseo, New York.

C. Woodruff Starkweather, Ph.D.
Director Emérito de la División de Ciencias del Leguaje, de la Universidad de Temple, Philadelphia, Pennsylvania.

Lisa Scott Trautman, Ph.D.
Profesor Adjunto, de la Universidad del Estado de Florida.

Charles Van Riper, Ph.D.
Distinguido Profesor Emérito, de la Universidad de Western Michigan.

Dean E. Williams, Ph.D.
Profesor Emérito de la Universidad de Iowa.

Índice

mi hijo,
¿tartamudea?

El habla comienza con el primer grito al nacimiento. Después se desarrolla rápidamente durante los dos primeros años de vida, mientras el niño aprende a emitir sonidos con sentido y palabras. Posteriormente entre los 2 y los 6 años, puede empezar a tener grandes dificultades para hablar con fluidez y autonomía, en especial cuando inicia la construcción de oraciones. Todos los niños repiten palabras y frases, titubean frecuentemente y presentan dificultades ocasionales con el flujo continuo de las palabras, pero algunos tienen mayores problemas que otros y por mayores periodos de tiempo.

> Todos los niños repiten, titubean y tienen dificultad ocasional con el flujo continuo de las palabras, pero algunos presentan mayores problemas que otros y por más largos periodos de tiempo.

Si su hijo ha estado teniendo este tipo de problemas, puede preguntarse si está empezando a tartamudear. Si empeorará o remitirá. Y si Usted cree que está tartamudeando, ¿si se debe de hacer algo, y si fuera así, qué cosa?

Nuestro propósito es responderle a estas preguntas.

Éso, ¿es Tartamudez?

La tartamudez interrumpe la continuidad del habla, pero lo mismo sucede con otras cosas. Todos nosotros repetimos palabras o sílabas ocasionalmente; nadie habla con una fluidez perfecta todo el tiempo. Todos titubeamos, insertamos sonidos o palabras, mezclamos sílabas, retrocedemos y reestructuramos oraciones, o intentamos decir dos palabras simultáneamente. Cuando esto sucede, nos sentimos confundidos y nos bloqueamos por un instante.

El niño pequeño que está aprendiendo a hablar tropezará más que un adulto o que niños mayores. La fluidez y holgura al hablar dependerá también, en gran medida, de las emociones internas y las circunstancias externas. Estas variaciones de fluidez son mucho más extremas en niños pequeños.

Debido a que los niños con alteraciones de ritmo normales muestran muchos de los rasgos encontrados en la tartamudez, puede ser difícil para Usted, distinguirlos de una verdadera tartamudez. Y más aún, estos varían en severidad y frecuencia, dependiendo del tiempo, las circunstancias y los sentimientos.

Por lo tanto, si Usted está preocupado por la forma de hablar de su hijo, es probablemente mejor que un médico foniatra o un terapeuta de lenguaje determine si se trata de una tartamudez real. Pero independientemente de que lo sea, este libro le va a resultar muy útil.

Criterios para Decidir si su Hijo Está Tartamudeando

Algunos signos indican que un niño está en fase inicial de tartamudez. Si se comprenden estos signos, le será más fácil decidir si es necesario recurrir a un médico foniatra. (*) (**). En ocasiones, durante la valoración del lenguaje, algunos niños no muestran alguna o ninguna de las características que preocupan a sus padres. Por ello si decide consultar a un especialista es importante que Usted conozca los signos de la tartamudez temprana que junto con la convivencia cotidiana con su hijo, le ayudarán a proporcionar una mejor información. Así podrá describir cómo habla su hijo y cómo y qué tan seguido ocurren las disritmias. Esta información es importante para ayudar al especialista a determinar si su hijo presenta una tartamudez real. Recuerde que al tratarse de su propio hijo, Usted es el experto.

(*) La Stuttering Foundation en (el 1-800-992-9392, desde USA y www.stutteringhelp.org, www.tartamudez.org en español) le proporcionará nombres de médicos foniatras y terapeutas de lenguaje que se especialicen en tartamudez. Además otras instituciones que le pueden proporcionar pruebas de lenguaje y terapia, son el distrito escolar local (contacte al centro preescolar local para mayor información), un hospital (busque en Servicios para pacientes Externos o Foniatría o Terapia de Lenguaje) o una Clínica de Lenguaje y Audición en una Universidad cercana.

Pero no importa a quién elija, no olvide preguntar:
• El especialista que verá a mi hijo, tiene suficiente experiencia trabajando con gentes que tartamudean?
• Are you / is this therapist experienced in working with children?
• Está certificada por la American Speech-Language-Hearing Association (CCC-SLP), para USA, (o por la entidad correspondiente en su país nota del traductor).

(**) Si en su localidad no encuentra servicios de foniatría, puede consultar a un terapeuta de lenguaje o logopeda.

La foniatría es una especialidad médica que se ocupa de los problemas del habla (entre los que se encuentra la tartamudez) el lenguaje, el aprendizaje y la voz. El médico foniatra suele trabajar con terapeutas de lenguaje y elabora el diagnóstico así como da seguimiento al tratamiento, y trabaja en equipo con el terapeuta de lenguaje. nota del traductor.

Señales de Alerta (*)

La tartamudez o disfemia es mucho más que solo las disrupciones en el ritmo fluido de las palabras, a la que denominaremos disritmia. También se refiere a las reacciones hacia las dificultades del lenguaje. Existen algunas señales de alerta que se deben de tomar en cuenta para decidir si su hijo tiene tartamudez. Cuando considere estos signos trate de no ser demasiado conciente de ellos. Considérelos en relación al lenguaje total de su hijo, que probablemente es muy fluido.

También tome en cuenta que muchos de estas conductas de lenguaje son de presentación fluctuante. Y también pueden llegar a presentarse en niños que no tienen tartamudez.

> Tome en cuenta que muchos de estas características de comportamiento del lenguaje no se presentan todo el tiempo.

1. Repeticiones múltiples

Todos nosotros, en particular los niños que están aprendiendo a hablar repiten palabras y frases. Es frecuente que un niño de tres años repita una palabra varias veces.

"¿ya-ya-ya- nos vamos?"

Un niño que no es tartamudo, repetía tantas veces "y-y-y-y-y…."tantas veces que olvidaba lo que él quería decir. Afortunadamente se reía de ello, al igual que sus padres.

Algunas veces se usan palabras iniciales, o sonidos como "E" o "Um".

"¿Um, um, um, puedo tomar más galletas?"

También pueden repetirse algunas partes de palabras,

"¿ puedo tener a mi he-he-hermanito?"

Si un niño empieza a usar frecuentemente estas repeticiones con muchas palabras y en muchas situaciones, puede llegar a tener más dificultades para su lenguaje que lo habitual. La aparición de estas repeticiones pueden ser solo una etapa. Sin embargo serán las primeras señales que el especialista mirará para decidir si lo que le pasa a su hijo, es que está tartamudeando.

(*) Estos signos de alerta se presentan en una cinta de video titulada "Tartamudez y el Niño preescolar: ayuda para las Familias" (#9172), producida por la Stuttering Foundation. Este video de 30 minutos puede ser adquirido por $5.00 US Dlls en la Stutttering Foundation, P.O. Box 11749, Memphis, TN 38111-0749 o bien en línea en www.stutteringhelp.org

2. Vocal débil

La vocal llamada débil (en inglés schwa) se presenta muy poco evidente en algunas palabras cotidianas en el idioma español. Tal es el caso del sonido débil de las vocales cerradas "U" o la "i" en diptongos, como "fuerte", "guapa", "fierro", "muela", etc... donde la segunda vocal es más intensa, aunque la diferencia sea casi imperceptible y no suceda como en el idioma inglés.

El niño que empieza a tartamudear puede usar la vocal débil de forma que distorsiones la palabra. Si dice "gu-gu-gu-guapa", no hay motivo para preocuparnos. Pero si dijera:

"G-G-G-Guapa"

entonces lo identificamos como signo de alerta, particularmente si repite la vocal débil muy rápido. En palabras que comiencen (fonéticamente) por vocal podría decir:

"UhUhUhUh-huevo"

Puede Usted tener dificultad para distinguir estas diferencias, pero el especialista está entrenado para hacerlo.

3. Prolongaciones

Algunas veces, en lugar de repetir los sonidos iniciales, su hijo puede prolongar el primer sonido de la palabra, con lo que Mami se transforma en

"MMMMMMMMMMMMMMMMMMMami"

Estos tres primeros signos: repetir sonidos, repetir la vocal schwa, y prolongar sonidos, pueden ocurrir ocasionalmente en casi todos los niños. Si comienzan a aparecer demasiado frecuentemente en demasiadas situaciones al hablar, y comienzan a afectar la facultad de comunicación de su hijo, es muy probable que tenga la tartamudez.

4. Tremor

Ocasionalmente puede observar que los pequeños músculos alrededor de la boca y la mandíbula del niño tiemblan o vibran cuando parece que se ha atorado en alguna palabra. El grado de tremor, puede ser leve o intenso. Éstos temblores están asociados con dificultad para continuar hablando, mientras la boca se mantiene en una posición, sin lograr emitir ningún sonido. El especialista necesitará saber qué tan frecuentemente ha notado estos temblores y si parecen durar más en la actualidad, que cuando los observó por primera vez.

5. Aumento del Tono y de la Intensidad

Al tratar el niño de que salga una palabra, el tono y la intensidad (volumen) de su voz, pueden elevarse antes de terminar la palabra. Puede deslizarse hacia arriba o súbitamente cambiar a un nivel más alto. En ambos casos lo que está intentando con esto es "desatorar" una palabra "atorada", pero nuevamente, este es un signo de que requiere ayuda.

6. Esfuerzo y Tensión

Su hijo puede presentar esfuerzo por sacar las palabras, o bien, en ocasiones tensionar sus labios, lengua, garganta o tórax cuando trata de decir algunas `palabras. Aunque en otras ocasiones ante las mismas palabras, no presente mas que tensión normal..

El grado de esfuerzo puede variar de ser difícilmente reconocible a más que evidente en determinadas circunstancias, e incluso puede desaparecer por largos períodos de tiempo. En cualquier caso, el esfuerzo y la tensión denotan que su hijo está presentando una mayor dificultad para hablar.

7. Momento de Temor

Es posible que Usted vea un momento de angustia, temor o frustración pasajeras, en la cara de su hijo, al acercarse a decir una palabra. Si así fuera, es que ya ha estado experimentando suficientes dificultades al quedarse bloqueado como para hacerle reaccionar emocionalmente con anticipación al problema. Esta reacción puede ir más allá del miedo momentáneo, y empezar a llorar porque no puede decir una palabra. Si Usted puede ayudar a su hijo, mientras el temor es aún una breve situación pasajera habrá grandes posibilidades de prevenir que se desarrolle un miedo persistente a hablar.

8. Evitación

El esfuerzo y el miedo para hablar pueden encaminar a su hijo a evitar hablar. De tal forma que puede posponer tratar de decir una palabra hasta que esté seguro de que podrá hacerlo con fluidez. Puede rehusarse a hablar, ocasionalmente, sustituyendo o insertando palabras que no son realmente parte de la oración. Continuará teniendo dilaciones normales al elegir palabras o formular oraciones, pero los retardos pueden prolongarse. Si no logra hablar, cuando es claro que conoce lo que desea decir, es que está llegando a la evitación debido a su creciente frustración al hablar.

Puede que Usted observe estos últimos cinco comportamientos verbales: tremor, incremento en intensidad y tono, esfuerzo y tensión, momentos de temor y evitación, en su niño. Ocurren al empezar a reaccionar a las interrupciones al hablar y habitualmente significan que su hijo está tratando de hacer algo acerca de las interrupciones. Nuevamente, si Usted observa estos rasgos, debe ocuparse de esto.

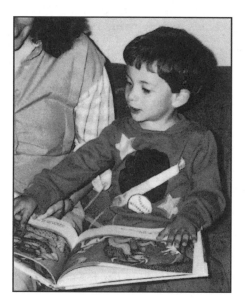

Otros Factores de Riesgo

Además de los signos de alerta que hemos descrito, otros factores colocan al niño en riesgo de tartamudear. Conocer estos factores le ayudará a tratar de decidir si su hijo requiere ver a un especialista [1].

1. Antecedentes Familiares

Actualmente existe una fuerte evidencia de que casi todos los niños que tartamudean tienen algún miembro más de su familia, que también lo haga. El riesgo de que su hijo tenga tartamudez, en lugar de solo alteraciones en el ritmo pasajeras, se incrementa si ese miembro de la familia aún tartamudea. Existe menor riesgo si ese miembro de la familia superó su tartamudez en la niñez.

2. Edad de Inicio

Los niños que empiezan a tartamudear antes de los tres años y medio son más susceptibles de superarlo. Si su hijo comenzó a tartamudear antes de los tres años existe una mayor posibilidad de que lo supere antes de seis meses.

3. Tiempo desde el Inicio

Entre el 75 y el 80% de todos los niños que empiezan a tartamudear lo superan en 12 a 24 meses sin terapia de lenguaje. Si su hijo ha estado tartamudeando por más de seis meses, le costará más trabajo superarlo por sí mismo. Pero si lleva ya 12 meses haciéndolo, le costará aún más trabajo recuperarse sin tratamiento.

4. Sexo.

Las niñas suelen superar más fácilmente que los niños la tartamudez. De hecho tres de cada cuatro niños continúan tartamudeando, por cada niña que lo hace.

¿Por qué esta diferencia? Al parecer durante los primeros años de la niñez hay diferencias innatas en las habilidades lingüísticas de niños y niñas. En segundo lugar, durante estos años, los padres, otros

---

Estudios longitudinales de los Dres. Ehud Yairí y Nicoline G. Ambrose y colegas, de la Universidad de Illinois proporciona excelente y novedosa información sobre el desarrollo de la tartamudez en la infancia temprana. Sus resultados ayudan al especialista a determinar quien puede superar la disfemia versus quien tiene más posibilidades de desarrollarla de por vida. Sus artículos son:

Yairí, E. and Ambrose N. (1992). Estudio longitudinal de la tartamudez en niños: Reporte preliminar. *Journal of Speech, Language and Hearing Research, 35,* 755-760.

Ambrose N. and Yairí, E. (1999). Datos Normativos de Disritmia para Tartamudez Infantil Temprana. *Journal of Speech, Language and Hearing Research, 42,* 895-909.

Yairí, E. and Ambrose N. (1999). Tartamudez Infantil Temprana I: Tasas De Persistencia y Recuperación. *Journal of Speech, Language and Hearing Research, 42,* 1097-1112.

miembros de la familia y otras gentes reaccionan con los niños de manera diferente que con las niñas. Por lo tanto, puede ser que los niños tartamudeen mas que las niñas por las diferencias básicas entre el lenguaje de los niños y las habilidades de lenguaje y las diferencias en sus interacciones con otros.

Sea dicho, que muchos niños que empiezan tartamudeando dejando atrás el problema. Lo que es importante que Usted recuerde es que si su niño está tartamudeando ahora, no necesariamente significa que el o ella lo hará por resto de su vida.

5. Otros Problemas de Habla y Lenguaje

Nueva evidencia sugiere que los niños cuyas habilidades de habla y lenguaje se han tardado tienen un mayor riesgo de desarrollar tartamudez que los niños cuyas habilidades están desarrollándose normalmente. En otras palabras, un niño que habla claramente con pocas, si acaso algunos errores de habla sería mas probable que haya dejado atrás la tartamudez que un niño cuyos errores de habla hacen difícil el entenderle. Si su pequeño comete frecuentemente errores de habla tales como sustitución u omisión de sonidos, o tiene problemas para seguir instrucciones, son señales que nos orientan hacia un problema, del cual hay que ocuparse.

Nueva evidencia refuta informes anteriores que decian que los niños que comiezan a tratamudear poseen, en general, menos habilidades linguisticas.

Al contrario, hay indicios de que se situan dentrode la norma o por encima de ella. Las habilidades lingisticas avanzadas paracen serun factor de riesgo para el desarrollo de la tartamudez [1].

---

[1]Yairí, E. and Ambrose N. (2005). *Early Childhood Stuttering: For Clinicians by Clinicians,* Chapter 7, Pro-Ed, Austin, TX.

Grafica de Factores de Riesgo

Señale los factores de coincidencia con respecto a su hijo

Factores de Riesgo	Mayor probabilidad de que empiece a tartamudear	Cierto para mi hijo
Historia familiar de tartamudez	Un pariente, hermano, u otro miembro de la familia que todavía tartamudea	
Edad de Inicio	Después de los 3 1/2 años	
Tiempo desde el inicio	Tartamudeo de 6 a 12 meses o más.	
Sexo	Masculino	
Otros problemas de retraso en habla y lenguaje	Errores de sonido, problema en ser entendido, o dificultad en seguir instrucciones	

Estos factores de riesgo colocan a los niños en un riesgo mayor para el desarrollo de la tartamudez. Si su hijo tiene cualquiera de estos factores de riesgo y presenta algunos o todos los signos de advertencia mencionados previamente, son señales de aviso de una posible tartamudez. Debe programar un estudio con un médico foniatra o un terapeuta de lenguaje que se especialice en tartamudez. El especialista decidirá si su pequeño está tartamudeando y entonces determinará si hay que esperar un poco más o empezar el tratamiento enseguida.

Algunas veces el especialista sugerirá que Usted escuche cosas particulares. Trate de escuchar objetivamente. Esto puede ser difícil, pero puede ser aprendido. Si Usted va a observar el habla de su hijo más de cerca, por un período de tiempo, hay ciertas cosas en las que debe poner atención:

- Como en otras áreas del desarrollo, el habla no progresa en forma uniforme. Usted probablemente notará más dificultad en algunas veces que en otras. Algunos niños tartamudean más cuando están cansados, enfermos o fuera de su rutina diaria.

- Ponga especial atención a períodos en donde su habla es más fluida. Esto le ayudará a estar menos ansioso acerca de la dificultad ocasional. Muchos niños son mucho más fluidos que disrítmicos, pero es fácil el poner más atención al comportamiento que le tiene preocupado.

- No trate de observarle cada vez que abre la boca. Atienda a lo que está tratando de decirle más que a como lo está diciendo. Es importante para su hijo el saber que Usted está interesado y le entiende cuando el habla.

- Trate de juzgar la cantidad de dificultad que el está teniendo y si en lo general el habla está mejorando o empeorando.

- Algunos padres encuentran útil el llevar un registro escrito en su calendario. Por ejemplo, una madre usó una escala de 1 en un día muy fluido, un 7 en un día en que hubo mucho tartamudeo. Cada día ella medía la fluidez de su pequeño y ponía una calificación en su calendario. Al pasar el tiempo, pudo observar que las calificaciones mejoraban y se sintió menos preocupada acerca de su hijo. Estas calificaciones o cualquier registro, pueden ser muy útiles para el especialista.

La Valoración del Lenguaje

La valoración del lenguaje se usa para determinar si el niño necesita tratamiento para la tartamudez. El especialista en habla y lenguaje usará la información de varias fuentes para determinar si su niño está en riesgo de tartamudear y el mejor curso de acción que debe tomar.

- Primero, el especialista probablemente le pedirá llenar una historia clínica. Esta forma cubrirá:

- Eventos importantes de su desarrollo;

- Historia médica;

- Desarrollo del habla;

- Historia familiar del tartamudeo, si la hay;

- Información acerca de terapias anteriores, si las hay;

- Sus propias impresiones del habla de su niño o niña;

- Los estilos de interacción y horarios de la familia;

- Otras preocupaciones que Usted pueda tener concernientes al desarrollo de su hijo.

Esto es usualmente seguido por una entrevista familiar durante la cual el especialista le preguntará acerca del desarrollo del habla de su hijo, sus preocupaciones y rutinas familiares. El especialista puede también preguntarle acerca de las reacciones de su hijo a diferentes situaciones y cómo es su temperamento. Este es un buen momento para que Usted también haga preguntas.

Durante el asesoramiento mismo, su niño puede ser filmado en cinta de video al estar hablando con Usted, con el especialista o algún otro miembro de su equipo. El especialista posiblemente le puede pedir que traiga una cinta en video o audio de muestra de su pequeño hablando en casa. El especialista usará estas grabaciones para observar cuidadosamente el habla de su hijo. Otros aspectos del lenguaje, tales como su gramática, vocabulario y sonidos al hablar, también serán examinados.

En poco tiempo, debe reunirse tanta información como sea posible antes de una recomendación sobre la necesidad de tratamiento.

Después del asesoramiento, el especialista muy probablemente programará una cita de seguimiento para discutir sus hallazgos y si se necesita un tratamiento, o si es mejor esperar y hacer más adelante una segunda revisión sobre el lenguaje de su hijo.

Finalmente, el especialista le dará un informe escrito de su evaluación y recomendaciones. Esto puede ser usado por su pediatra o por su compañía de seguros si se requiere de un informe para un reembolso del seguro.

Dentro del campo de profesionales que se dedican al lenguaje, y que son los médicos especialistas en foniatría y los terapeutas de lenguaje, las opiniones honestas difieren sobre el momento más adecuado para iniciar un tratamiento. Usted como padre conoce mejor a su hijo. Si Usted recibe consejo de " espere y observe" de un especialista de lenguaje o de su pediatra, pero sigue preocupado, sea persistente y siga sus instintos.

Siga poniendo atención al habla de su niño. Pida otra opinión. Si su pediatra está buscando más información, el libro: *"El Niño que Tartamudea: Para el Pediatra",* está disponible en forma gratuita on line por La Stuttering Foundation.* Es una excelente fuente de información para ayudar a su médico para que pueda tomar una correcta decisión de referencia para su niño.

Mientras tanto el consejo en este libro le da excelentes modos de empezar **ayudando a su niño desde hoy.**

---

*www.stutteringhelp.org y www.tartamudez.org

Part II

¿qué ocasiona la tartamudez?

Esta es una pregunta frustrante, porque a pesar de las muchas cosas que sabemos acerca de la tartamudez, no podemos proporcionar una respuesta bien definida. Parece ser que los niños tartamudean por muchas razones, que varían de un niño al siguiente y que la tartamudez algunas veces continúa cuando las primeras causas han dejado de afectarle.

> Los niños tartamudean por muchas razones. Estas razones varía de un niño al siguiente y la tartamudez algunas veces continúa aú después de que las causas tempranas han dejado de tener efecto.

El Papel de la Herencia

Como se describe en la Parte I, la tartamudez aparece en algunas familias. ¿Significa esto que la tartamudez es hereditaria? Los científicos han encontrado lo que parece ser una base genética para la tartamudez en la mitad de los niños que tartamudean. El papel de la herencia es bastante complejo, sin embargo no es tan predecible como la herencia del color de ojos o del cabello.

Coordinación Muscular

Hay evidencia que demuestra que algunos niños tienen problemas básicos para manejar la coordinación motriz fina y secuencias de ritmo de los movimientos necesarios para un lenguaje fluido, especialmente durante los primeros años.

La falta de coordinación del habla puede causar disritmia, tal como una pobre coordinación muscular puede causar el que se tropiece o caiga mientras el niño está aprendiendo a caminar. La tartamudez puede continuar hasta que el niño aprenda a controlar los músculos involucrados en el habla, aunque en algunos pequeños esto puede desaparecer. Esto nos lleva a creer que deben existir otros factores que intervengan en el desarrollo de la tartamudez.

Tensión Ambiental-Emocional

Algunos tipos de tensión emocional pueden interrumpir los patrones del habla en la mayoría de nosotros. Esta situación puede ocurrir por un evento muy impresionante único, o bien por un patrón continuo de tensión, El niño pequeño es particularmente vulnerable porque está todavía aprendiendo a manejar sus emociones y muchas cosas le parecen amenazantes Algunos niños son particularmente sensibles a cambios emocionales o del ambiente y se alteran más fácilmente. El niño puede empezar a temer ciertas situaciones lingüísticas porque en su memoria las califique como similares a otras que fueron difíciles. Sin embargo, no todos los niños que padecieron experiencias similares empiezan a tartamudear.

Algunos niños incluso reaccionan negativamente a algunas disritmias. Estas reacciones negativas del mismo niño, o de aquellos que le rodean, pueden hacerle sentir que las disritmias son malas y que debería evitar que pasaran. Entre más trata de pararlas, peor se vuelven, lo que lleva a incrementar las reacciones negativas. Entonces puede empezar un círculo vicioso que lo lleva a un incremento de la tensión, preocupación y agitación cuando empieza a decir algo.

En caso de que Usted tenga la duda de que su hijo esté tartamudeando debido a una intensa experiencia atemorizante, recuerde que aunque esta pudiera ser la razón para alguna interrupción inicial en el habla, esta causa tendrá solamente un efecto temporal.

La Imitación

¿Puede alguien "contagiarse" de tartamudez, por el hecho de imitar a otro niño con este problema? La respuesta es negativa, ya que según nuestra experiencia en la comprensión actual del habla y de los eventos relacionados con ésta, la imitación resulta una explicación demasiado simplista para la causa de un problema extremadamente complejo.

Ahora Usted comprenderá la causa por la que se puede decir con certeza, "Esto es por lo que los niños tartamudean", pero sí se conocen muchos de los factores que hacen que ésto se desarrolle en un serio problema. Algunos conciernen al niño mismo; pero otros involucran las actitudes y comportamiento de Usted. No fue Usted el que hizo que su hijo tartamudeara, pero ciertamente hay actitudes que Usted puede tomar para mantener esto lejos de convertirse en un problema mas serio.

La tartamudez no se adquiere a través de imitación.

puntos adicionales sobre la tartamudez

¿Cuántas gentes tartamudean?

La tartamudez afecta a un uno por ciento de la población, pero un alto porcentaje de niños pequeños atraviesan por un período temporal de tartamudez. A pesar de que un uno por ciento parece muy pequeño, esto significa que hay aproximadamente tres millones de gente en los Estados Unidos que tartamudea.

¿Cómo se compara el niño que tartamudea, con aquellos que no lo hacen?

A parte de su tartamudez, la mayoría de los niños que tartamudean son bastante normales. Su coeficiente intelectual es igual que el del resto de la población.

Los investigadores han tratado de encontrar diferencias físicas y psicológicas entre aquellos que tartamudean y aquellos que no lo hacen. Las pocas diferencias que han sido encontradas son muy sutiles, y se contradicen por otros estudios ya que no aparecen consistentemente en todos los que tartamudean.

El niño pequeño, al menos, parece estar tan bien ajustado emocional y socialmente, como sus amigos que no tartamudean. Usted puede notar que su niño es especialmente sensible, se inquieta o frustra fácilmente o es más activo que otros niños, pero estos signos pueden no estar relacionadas con el modo de hablar.

Recuperación de la tartamudez

Muchos niños muy pequeños dejan de tartamudear sin ningún tratamiento o atención especial en absoluto. Se ha estimado que por cada persona que tartamudea hoy en día, hay de tres a cuatro personas que han tartamudeado en algún momento de su desarrollo. En la parte I de este libro, se emplea una tabla para ayudarlo a decidir si su niño puede estar en riesgo de adquirir la tartamudez. He aquí las cosas que sabemos acerca de la recuperación en niños pequeños:

- Los niños con una historia familiar de tartamudez son menos susceptibles de poder recuperarse sin tratamiento.

- Algunas veces la recuperación puede tomar hasta tres años, después de descubrir el tartamudeo.

- Los niños que empezaron a tartamudear después de los tres años y medio, son menos susceptibles de poder recuperarse sin tratamiento.

- Los niños son menos susceptibles de poder recuperarse sin tratamiento, que las niñas.

- Los niños con otros trastornos de habla y /o de lenguaje, retraso o problemas de aprendizaje son menos susceptibles de poder recuperarse sin tratamiento.

Otros factores que también influencian la velocidad de recuperación, son la tensión y la ansiedad que casi siempre agravan la tartamudez en un pequeño.

Por esta razón, muchas sugerencias para ayudar a su hijo están dirigidas reducir estos dos factores lo más posible. La parte difícil es encontrar la fuente de ansiedad y tensión de su hijo. Muchos niños, una vez que están bajo menos ansiedad, serán más fluidos. Pero si su niño ha estado tartamudeando por más de tres o seis meses, necesita ayuda profesional.

La tartamudez Oscila Como un Péndulo

Sabemos que la frecuencia y la severidad del tartamudeo varía usualmente con el tiempo y la circunstancia. Algunas veces su niño hablará fácilmente, tal como cuando se habla a sí mismo, a sus mascotas o mientras canta. El tartamudeo puede desaparecer completamente por períodos relativamente largos y regresar con fuerza completa. Esto puede suceder cuando el estrés y la ansiedad aumentan, pero no siempre. Si el tartamudeo de su niño continúa yendo y viniendo, por un largo período de tiempo, Usted debería ocuparse de que reciba tratamiento.

Algunos "Buenos" Consejos son Malos

Sabemos que muchos de los métodos tradicionales de reaccionar a la tartamudez no ayudan. De hecho éstos pueden empeorar el problema. El decir a su niño *"habla despacio"* o *"respira hondo"*, o *"relájate"*, son algunos ejemplos de sugerencia inútiles. Las instrucciones, "Dilo otra vez" puede resultar en forma fluida pero esto no detendrá el tartamudeo.

Aún mas dañinas son las órdenes con voz fuerte combinadas con miradas duras y castigo. Estos métodos están basados en una o más falsas suposiciones acerca de la naturaleza del tartamudeo: eso es simplemente un mal hábito el cual su niño puede evitar si realmente trata. Los niños no tartamudean a propósito por ser malos o irritantes.

- No le digo *"habla despacio"*, pero aprenda a hacer más lenta la forma de hablar de Usted.

- No termine las oraciones de su hijo, permita que su niño o niña termine sus propios pensamientos.

- No le diga a su niño "relájate" o "dilo otra vez".

- Este consejo tan simple no es útil y puede agravar el problema si se le da mal uso.

En el siguiente capítulo se analizará en profundidad cuáles son las pautas convenientes para su hijo.

25

seis formas de ayudar a su hijo

La interacción entre Usted y su hijo es única. En esta sección, le ofreceremos algunas sugerencias útiles que pueden cambiar levemente el modo en que Usted interactúa con su hijo. Algunas son instrucciones explícitas; otras son más generales y le dejan los detalles circunstanciales a Usted. Recuerde que el modo en que Usted dice algo, es tan importante como lo que Usted hace. Una simple lista de "que hacer" y "que no hacer" no será tan efectiva si no está basada en lo que Usted cree. También tenga en cuenta que algunas veces el no hacer nada puede ser la cosa más importante que Usted pueda hacer.

Nuestras sugerencias se relacionan directamente a la habilidad de hablar fluidamente y de interactuar libremente con otros. Si Usted está preocupado acerca del habla de su hijo, las siguientes sugerencias son particularmente importantes, pero también potencían el desarrollo social de cualquier niño.

> El modo en que Usted hace algo es tan importante como la propia acción.

Todos los tópicos discutidos involucran cambios directos en su propio comportamiento y actitudes. Esto no implica el que su niño empieza a tartamudear, sea culpa de Usted. Sabemos que los padres no son la causa de la tartamudez, pero una vez que ésta inicia, hay muchas cosas que Usted puede hacer para prevenir el que esto se convierta en un problema permanente.

La única cosa que Usted puede controlar y cambiar es la parte más importante del entorno de su hijo: Usted mismo/ a. Para muchos niños muy pequeños, ciertos cambios hechos por Usted y por otros miembros de la familia son los modos más efectivos para fomentar la fluidez normal.

Breve nota sobre el desarrollo general del lenguaje

Revisemos brevemente qué esperar del desarrollo del habla en las edades entre dos y seis años. Este período representa una explosión de crecimiento y desarrollo.

A la edad de dos años, su niño puede estar usando palabras y oraciones cortas consistentemente. Para la edad de seis, debe de estar usando oraciones más largas y una gran variedad de palabras. También habrá empezado a aprender cómo usar su voz y palabras para controlar el comportamiento de otros y a expresar sus sentimientos. Usará el habla extensivamente en sus interacciones sociales.

Muchas nuevas puertas se están abriendo rápidamente, y el habla juega un papel principal en todas éstas. Su niño necesita ser entendido y necesita ser capaz de decir lo que quiere, y cuando lo quiere.

Sugerencia 1: Sea "Todo Oídos"

Puede ser sorpresivo para Usted que, la forma como escucha Usted sea una de las cosas más importantes que puede hacer para ayudar a su hijo. Desde luego Usted escucha a su hijo, es difícil no hacerlo cuando está parloteando y cuestionándole constantemente. Usted debe ya estar preparado para escucharle selectivamente, no poniendo siempre atención a todo lo que su niño dice.

Nosotros podemos ayudarlo a escuchar selectivamente de manera que Usted no dé a su hijo la impresión de que nunca lo escucha o que no quiere escucharlo. Aún más, Usted puede aprender a volverse más atento a lo que es importante para su niño y su desarrollo.

Al poner atención en el hecho de escuchar, tanto como en sus hábitos personales de cómo hacerlo, tendrá una mejor comunicación con su niño. Hay pasos clave para mejorar su manera de oírle. Use estos pasos por varios días.

Paso 1. Estudie sus reacciones y su forma de escuchar a su hijo

Por los primeros dos o tres días, concéntrese en evaluar sólo cómo lo escucha Usted a él, cuánto, y qué tan seguido. Note los modos diferentes en los que Usted escucha: de oír sólo una pequeña parte de lo que él está diciendo a darle completa atención a casi cada palabra.

- ¿Qué clase de tópicos llaman su atención?
- ¿Deja que termine antes de Usted empezar a hablar?
- ¿Lo apura cuando trata de hablar?
- ¿Qué tanto de esta plática escucha Usted verdaderamente?
- ¿Qué tanto habla y acerca de qué le platica a Usted?
- ¿Cómo reacciona Usted cuando su hijo le interrumpe?
- ¿Qué tan seguido Usted lo ve cuando le está escuchando activamente?

Apunte rápidamente, algunas notas acerca de cómo escucha Usted. Esta atención al modo en que Usted escucha le proveerá de bases para los siguientes tres pasos.

Paso 2. Comience a cambiar la forma de escuchar y de reaccionar ante su hijo

Por los siguientes uno o dos días, trate de cambiar el orden en su manera de escuchar, ya que no puede estar todo el tiempo escuchando con toda atención cada vez que él abre la boca, ni lo debe hacer, particularmente si habla mucho; pero debe decidir cuánto debe escucharle en situaciones en las habitualmente no solía prestarle atención..

Si fuera necesario, cambie el modo en que Usted reacciona cuando él le interrumpe. En vez de ignorarlo o de molestarse, déjele saber que Usted le escuchó, pero que en ese momento no es su turno de hablar, o que Usted está ocupado, pero le puede escuchar más tarde. Lo importante es aprender que Usted puede cambiar sus hábitos de escuchar.

Paso 3. Trate de entender los sentimientos que hay tras las palabras

En los pocos días siguientes escuche el modo en que su niño está hablando. Cómo utiliza su voz para decirle como se siente o ¿Qué es lo que realmente le quiere decir? Distinga la inflexión en sus palabras, cuando él se detiene, si repite frases u oraciones para llamar su atención, el ritmo de las palabras y el modo en que el le ve o si hay contacto visual.

- ¿Habla en tono de queja o lloriqueo con Usted y con los demás?

- ¿Suena temeroso con otros miembros de la familia?

- ¿Percibe Usted una inflexión ascendente en "Mami" cuando quiere atención?

- ¿Las repeticiones son más frecuentes con ciertas personas ?

- ¿Cuando habla con sus , muñecas, juguetes, o amigos imaginarios,¿Usa tonos "autoritarios" que son diferentes del modo que él le habla a la gente?

- ¿Menciona frecuentemente ciertos tópicos o hace preguntas de temores que él puede tener?

Estas pautas deberían ayudarle a Usted a escuchar en un modo más comprensivo y a reaccionar más apropiadamente tanto al significado literal de las palabras como a los sentimientos importantes detrás de ellas. Esta es la esencia de ser un buen oyente, un buen comunicador.

Mientras Usted aprende en qué situaciones es importante escuchar más cuidadosamente, y en cuales poner menos atención, encontrará mejores medios de hacer saber a su hijo que su grado de atención no significa que Usted no lo ama. Interrumpa deliberadamente sus otras actividades algunas veces a manera de expresarle su amor e interés. Él aprenderá que cuando realmente necesite su atención, Usted estará dispuesto y disponible.

Paso 4. Identifique situaciones que requieren una escucha inmediata e Intensa

Como paso final, trate de identificar cualquier señal que su niño le mande indicando una inmediata necesidad de atención especial. Algunos signos vocales pueden presentarse en estos casos, como un cambio drástico en el volumen aumentándolo, o titubeos inusuales y repeticiones. Esto generalmente ocurre después de un período de llanto intenso. Puede llevarle mucho tiempo para reconocerlo porque éstas ocasiones no suelen suceder con frecuencia. Cuando ocurran, esté alerta a las expresiones faciales, posturas y movimientos.

Porque el saber escuchar es una parte tan importante del proceso de la comunicación y porque está directamente relacionado con el sentimiento, el mejorar sus hábitos de escuchar puede tener un efecto directo en la fluidez de su hijo. Recuerde que el escuchar debe ser una experiencia gratificante y alegre - no una carga.

Sugerencia 2: Hable "con" en vez de "a" su hijo

La forma como le habla Usted y cuando le escucha están muy relacionados. A veces, parece que Usted está constantemente hablándole a su hijo: ya que debe dar información, poner reglas, disciplinarlo y organizar su comportamiento con su voz y palabras. Aunque Usted está constantemente hablándole la mayoría del tiempo, tal vez no exista un intercambio de ideas entre ambos. Es conveniente tener una conversación en donde se toman turnos compartiendo ideas y sentimientos, porque de otra forma será Usted quien habla la mayoría del tiempo.

No es sorprendente que algunos niños sean más sensibles a esto que otros. Usted puede prevenir una reacción adversa al hacer esfuerzos conscientes para contrarrestar la cantidad de veces que habla a con un aumento en los períodos de habla con, durante los cuales Usted está teniendo una conversación con su hijo, intercambiando ideas y sentimientos. Equilibrado de esta manera, el hablar se convierte en una experiencia de compartir que es agradable para ambos.

Hable acerca de temas importantes para su hijo

Primero, escuche o grábese Usted mismo durante conversaciones diarias de cinco minutos por varios días para determinar que tanto tiempo pasa Usted hablando a su hijo. Entonces deliberadamente proporcione más tiempo y tópicos para hablar con él.

Ayude a su hijo convirtiendo el hablar en una experiencia agradable.

Hable con él acerca de cosas que no tengan que ver con su comportamiento. El hablar acerca de lo que ha hecho durante el día en el jardín de niños o en la guardería, acerca de sus juguetes favoritos o acerca de un libro que Ustedes están leyendo son buenos temas de conversación.

Hágale saber que Usted puede escucharle pacientemente y déjele llevar la conversación tanto como sea posible pero nunca le fuerce si está teniendo dificultad. Contribuya a la conversación haciendo comentarios acerca de las cosas que su hijo le está hablando; él disfrutará de su atención y aprenderá que hablar puede ser divertido.

Sea un buen modelo lingüístico para su hijo

Seguramente Usted trata de dar ejemplo de un lenguaje correcto a su hijo, hablando de forma adecuada y usa palabras apropiadas para los objetos y acontecimientos. Esperamos que Usted use oraciones y vocabulario apropiado para su edad. ¿Habla Usted en general rápida y fluidamente? Si es así, su niño debe estar tratando de imitarle aunque él todavía no tiene las habilidades para hacerlo y es por eso que naturalmente se trabe y dude.

Si Usted piensa que este es el caso, haga un esfuerzo por hablar más despacio. Haga pausas más seguido. Si sus oraciones tienden a ser largas, complejas o divagatorias, su niño probablemente tendrá problemas para entenderle y no sabrá como responder. Esto puede llevar a disritmias cuando él conteste. Trate de usar oraciones más simples y cortas, al menos parte del tiempo.

¿Tiende Usted a interrumpirle o a cortar los finales de sus oraciones porque Usted ya sabe lo que va a decir? Esto agrega presión de tiempo innecesaria. Dele tiempo: Usted debe aprender a actuar y a hablar con más paciencia. Dígale que Mami y Papi tienen tiempo para escuchar.

Haga que hablar sea divertido

Usted ya ha empezado a hacer que hablar sea divertido para su niño al prestarle atención y escucharlo en la forma que hemos descrito, pero Usted puede hacer más. El cantar mientras lo sostiene o lo mece es agradable para ambos. Hable con él acerca de las actividades que está realizando, como por ejemplo, mientras prepara la cena o dobla la ropa lavada.

Mientras el hablar entre familia sea divertido, más rápidamente aprenderá su hijo que el hablar puede ser un placer. Esto puede ayudar a compensar las muchas veces que el hablar será usado para regañar, reprender, o castigar.

En ciertos momentos, asegúrese que la familia pone atención a lo que él esta diciendo. Después de todo, los hermanos y las hermanas también necesitan aprender a dejar a otros hablar en vez de acaparar la atención. Si su niño empieza a monopolizar la conversación, también puede necesitar aprender a dejar hablar a los otros. El punto importante es evitar demasiadas experiencias frustrantes.

Lea o cuéntele cuentos

Leer en voz alta o contar historias también enfatiza el lado placentero del hablar. Son lo suficientemente importantes para darles especial atención.

Trate de hacer un hábito de leer en voz alta a su niño en forma regular, aunque sea por pocos minutos cada día. Cuando Usted haya leído las mismas historias favoritas muchas veces, déjele terminar algunas de las oraciones o decirle la historia con sus propias palabras, pero sólo si él lo quiere.

Si Usted siente que no tiene el don para inventar historias, empiece con películas favoritas, preferiblemente aquellas con una historia detrás de ellas. Cuéntele acerca de eventos de su propia vida cuando Usted era pequeño o cuando él era más pequeño. A todos los niños les gusta esto.

Trate de encontrar una oportunidad cada día para "leer" fotos, leer libros, o contar cuentos en un momento en que no haya interrupciones. Puede contar una historia simple acerca de algo que él hizo cuando era "pequeño " mientras van juntos en el auto, o leerle un cuento mientras está en la bañera o está esperando a que la comida esté lista. Si se encuentra compitiendo con la televisión, tenga un horario previsto para apagarla. Aún el apagar la televisión diez minutos al día para tener tiempo de leerle una historia o contarle un cuento puede hacer una gran diferencia.

Ayúdele a expresar verbalmente sus sentimientos

¿Qué tan seguido le dice y le demuestra a su hijo que lo ama o lo aprecia? Debe ponerle el ejemplo de la forma de expresar estos sentimientos tan importantes.

¿De qué se ríe Usted? Si Usted tiende a reírse de cosas que lastiman a otros, Usted está enseñándole a hacer lo mismo. Él necesita aprender que hay diferentes clases de risa, así que es importante hablarle acerca de lo que le hizo a Usted reír. Ríase de cosas divertidas no de cosas hirientes.

La siguiente vez que él esté enojado, tómese el tiempo necesario para escucharle. Hablen acerca de lo que le hizo enojar. Puede haber muchas razones para estar alterado: se siente frustrado, quiere salirse con la suya, tiene sentimientos heridos, o quizá es una imitación de sus propias demostraciones de hambre o fatiga.

Hable con él acerca de mejores métodos de expresar sus sentimientos. Demuéstrele que puede conseguir lo que realmente quiere sin demostraciones de enojo y enséñele a usar las palabras en una forma educada. Cuando él haya encontrado mejores modos de expresar sus sentimientos, los conflictos que causan algunas de las desritmias se reducirán.

Evite pedirle "actuaciones" para otros

Sus esfuerzos para forzar a su hijo a hablar pueden alterar su fluidez. Usted puede querer que él le diga que fue lo que pasó en una situación o simplemente que le diga a *"Tía Martha"* algo interesante. También es natural que se le pida que diga " por favor" y "gracias". Algunas veces estas órdenes de mando pueden producir disritmia porque le están ocasionando una gran cantidad de tensión en él sin darnos cuenta de ello.

Esta presión extra se puede evitar dejándolo proceder a su propio ritmo. En vez de pedirle que diga "por favor" y "gracias", asegúrese de que Usted lo modela diciendo algo como "Cuando alguien nos da algo, nosotros decimos "gracias", o "Es de buena educación decir "por favor" cuando pedimos algo. Y en cuanto a situaciones en las que deba de repetir algo gracioso a otras personas, ¿Es realmente tan importante que se lo diga todo a *"la Tía Martha"?*

Sugerencia 3: Ponga atención al lenguaje corporal

Las palabras no son la única forma en que nos comunicamos con los demás. Un sentido de bienestar o la falta de éste a menudo se comunica sin palabras.

La mayoría de la gente piensa que comunicación es hablar-palabras que expresan pensamientos o ideas. Pero es mucho más. Quizá Usted ya sepa esto pero tiende a olvidar su importancia mientras su hijo crece. Aún antes de que su niño empezara a hablar, el balbuceo tenía un patrón que sonaba como lenguaje pero no tenía palabras entendibles. Sin embargo, se estaba comunicando con Usted. Si Usted respondía a esto, ambos indudablemente sentían profunda satisfacción.

Mientras su chico crece en edad, continuará usando primero palabras sin sentido y luego palabras reconocibles para esta misma comunicación emocional. Los adultos hacemos lo mismo, palabras reales en realidad se convierten en *"no-palabras"*. Decimos *"Buenos días"* sin pensar en el significado de cada palabra. Este es nuestro modo de acercarnos con los demás.

Si escucha con cuidado, notará que su niño muy seguido usa el lenguaje para acercarse y hacer contacto: *"Mami, ¡me duele mi ojo!"* *"Papi, ¿Ves este gran rasguño en mi pierna?"* Sus reacciones específicas a estas preguntas no son tan importante como el notar y ponerle atención. ¿Le hace las mismas preguntas una y otra vez? ¿Parece que siempre quiere llamarle la atención mientras Usted está particularmente ocupado? El preguntar siempre las mismas preguntas para las cuales él ya sabe la respuesta, son a menudo signos de que él simplemente quiere su atención emocional. Conforme Usted se vuelva más sensitivo a las emociones que están bajo esta clase de lenguaje, Usted puede responder de un modo más significativo y apropiado.

Busque formas no verbales para expresar sus sentimientos

Mírelo y sonría siempre que pueda. Si le pregunta que por qué está sonriendo, dígale que porque lo ama. Ocasionalmente tóquelo o dele una palmadita cuando se le acerque; como Usted le vea, tanto como sus palabras le dirá lo orgulloso que está de él. Ayúdele a facilitar las cosas difíciles con alegría pero no le exija que verbalice el "gracias".

Analice como usan la voz su hijo y Usted

Escuche las inflexiones del niño y las de Usted, el volumen (o intensidad), los niveles de tono cuando Usted habla con él para ver que el significado de las emociones subyacentes en su lenguaje. Una manera de hacer esto es encendiendo una grabadora y dejándola correr hasta que Usted olvide que está allí; entonces escuche partes de la cinta.

¿Para qué está Usted escuchando? Quizá Usted ya sabe qué tan fuerte habla cuando está enojado con su niño o cuando está estresado en general. Notará que Usted habla en una voz con un tono más alto, el cual a veces se vuelve duro e irritante. Hasta puede notar patrones inusuales de tono -inflexiones ascendentes o descendentes- mientras Usted trata de ser paciente pero está luchando por controlar su irritación. A veces, se puede oír un tono condescendiente o de silenciar a su hijo.

Quizá sus patrones de voz no sean extremos, pero siempre son los mismos cuando Usted habla con su hijo y generalmente diferentes cuando habla con los demás. ¿Usa un tono similar cuando habla por ejemplo, con su perro y con su hijo?

Trate de hacer modificaciones en su propio lenguaje de modo que enfatice sentimientos positivos y constructivos.

Dele tiempo para la cercanía física

Sin duda Usted ha atesorado esos momentos cuando se ha sentido especialmente cercano a su niño y cuando las palabras entre Ustedes fueron en realidad muy escasas como por ejemplo al ir caminando, al hacer galletas, al preparar la cena, al estar arreglando algo, es decir, en aquellas actividades que demandan pocas palabras o ninguna. Si estos momentos suceden seguido, aunque breves, le ayudarán a él a sentirse más seguro y el tartamudeo disminuirá.

Estos callados momentos felices con frecuencia suceden accidentalmente, pero Usted puede crear más. Por ejemplo puede ser algo tan simple como jugar con sus cubos de madera, el recoger sus juguetes con él por unos pocos momentos o el caminar juntos a través del parque.

No todo lo que Usted planee producirá el nivel de cercanía que Usted quiere, pero gradualmente construirá una relación que lo hará consciente de ser querido y amado sin un constante flujo de palabras. Las palabras de amor sin que también haya una demostración no verbal no tienen sentido, y cualquier niño pequeño pronto aprende esto.

Sugerencia 4: Facilite la vida diaria

Hay más en el criar a un hijo que el hablar con él. Los niños tienen una gran variedad de oportunidades para crecer más fuertes y seguros o de sentirse amenazados y débiles. No pretendemos ofrecer aquí un manual acerca de todos los problemas de la paternidad, pero varios aspectos de ello, comprenden muchas posibilidades para promover la fluidez.

Haga que las comidas sean menos tensionantes

Si su niño es melindroso y el momento de las comidas se vuelve un problema para ambos, Usted puede reexaminar la situación.

Cambios menores en las actividades de día con día pueden ayudar a promover la fluidez.

- ¿Tartamudea más durante la hora de las comidas?
- ¿Qué conflictos ocurren?
- ¿Suele hablarle durante la comida?
- ¿Lo regaña frecuentemente?
- ¿Se preocupa de que no se está comiendo suficiente de los alimentos correctos?
- ¿Se preocupa demasiado acerca de cómo come?
- ¿Confunde Usted el comer y el beber con disciplina?
- ¿Está Usted usando la hora de los alimentos para discutir problemas de adultos tales como el trabajo y el dinero.

Si se le alimenta con buena comida, y fastidia para no comer, no debe de comer refrigerios justo antes de los alimentos, eventualmente le dará la suficiente hambre para comer lo que necesita. Si tiende a perder el apetito en el momento y el lugar de las comidas, trate de cambiar las cosas de alrededor por un tiempo. Si Usted está enseñándole modales, hágalo como un juego mientras que él esté comiendo un plato de helado. El resto del tiempo, controle su impulso de corregirlo. Si usa la hora de los alimentos para discutir sus problemas de adulto, esto deberá de hacerse en otro momento, porque el niño se volverá muy sensible a su propia tensión.

Cuando la hora de la comida se vuelva una lucha, él siempre ganará-porque Usted no podrá obligarlo a comer. No trate de hacerlo, ya que sólo logrará hacer a todos sentirse mal. Es mejor controlarlo cuando él coma solo.

Establezca una rutina para la hora de dormir

Usted tampoco puede hacer que él se duerma, y si lo intenta, puede encontrarse con que él tiene el control del proceso de irse a la cama. Muchos niños evaden el irse a la cama usando tácticas dilatorias: pidiendo un trago de agua, pidiéndole que le lea una página más del libro, haciendo que busque monstruos amenazantes bajo la cama, después de que ya lo ha hecho tantas veces. Estamos seguros que Usted reconoce muchas de las tácticas dilatorias que su pequeño usa.

La llave para reducir las luchas a la hora de dormir yace en ser consistente. Haga la preparación para ir a la cama lo más simple posible. La noche es a menudo una buena hora para leerle, pero esto puede hacerse más temprano en vez de en el último minuto. Sosténgalo entre sus brazos como un modo de calmarlo justo antes de acostarlo. Ponga reglas acerca de cuántos tragos de agua están permitidos, cuántas páginas se leerán o cuántas veces entrará en su cuarto después de acostarlo, y apéguese a las reglas. Sea tan consistente como pueda.

Cuide el entrenamiento para ir al baño

El entrenamiento para ir al baño puede ser un proceso difícil. Ya que Usted no *puede hacer* que su niño vaya al baño o controlar todos los accidentes, *no trate* de hacerlo. Si no está seguro de cuándo empezar el entrenamiento, pregunte a su pediatra acerca del mejor momento para empezar. Algunos niños se entrenan rápido, otros toman mucho más tiempo.

Lo más importante es que Usted trate a su niño de tal manera que él no sienta que es un fracaso si tiene un accidente o moja la cama. Usted puede ayudarlo a ver que a pesar del desorden que esto crea, los accidentes son normales y que el aprender a ir al baño es parte del crecer. Al reducir sus sentimientos de culpa, a la larga, Usted lo hará más fácil para él y para Usted.

Reduzca la presión

Examine las actividades diarias en las que su familia está comprometida.

- ¿Hay tanto que hacer que su niño es rebotado de una cosa a otra simplemente porque el resto de la familia está muy implicada en ello?
- Si asiste a educación preescolar, ¿Cuál es su horario allí?

- ¿Cómo puede equilibrar esto en casa para que obtenga suficiente descanso y actividad?
- ¿Tiene momentos periódicos de silencio en la escuela y la casa? ¿O está tanto tiempo a solas que se sobreexcita cuando hay alguien que le ponga atención?
- ¿Está la mayoría del tiempo con adultos?
- ¿Qué clase de equilibrio tiene él entre el descanso y la actividad?

Todas estas preguntas lo pueden guiar por caminos que le crearán un ambiente que es estimulante sin ser muy demandante. Recuerde que cualquier actitud o comportamiento de Usted que tienda a hacerle sentir culpable, avergonzado, inadecuado, rechazado, o ansioso le colocará bajo presión que muy seguido aparecerá como dificultad para el flujo suave de palabras. Muchas de estas presiones pueden ser reducidas por Usted.

Vigile el desarrollo global

Examine en forma general: las habilidades físicas y la coordinación, sus habilidades sociales, emocionales y su desarrollo intelectual. Usted puede darse cuenta de que él está demostrando un especial interés o que está creciendo rápidamente en cualquiera de estas áreas. Si es así, esto puede significar que su energía y atención no estará en las habilidades del lenguaje por un tiempo. Su desarrollo del lenguaje es puesto a un lado por un tiempo para que pueda concentrarse en otras áreas.

El lenguaje podrá aparecer como menos fluido que unos pocos meses antes, o todo su desarrollo puede llegar a un lugar y estancarse. Si esto sucede, trate de no preocuparse. El desarrollo no es un proceso estable y continúo; el crecimiento ocurre en etapas. Si esta clase de estancamiento dura demasiado tiempo, naturalmente Usted debe de buscar causas. Entonces quizá Usted quiera pedir ayuda profesional. Pero si Usted ve que él esta intensamente interesado en aprender a manejar un triciclo, no se preocupe si su habla es puesta a un lado por un tiempo.

Considere otros factores de influencia

Hemos dicho que incidentes dolorosos y traumáticos usualmente no causan tartamudez, pero tragedias familiares naturalmente alteran a cualquier niño. A pesar de sus esfuerzos por protegerlo, eventos como enfermedades, conflictos emocionales, una mudanza o accidentes, seguro llegarán a suceder. Estos pueden estar acompañados de un mayor número de titubeos y repeticiones en el habla de su hijo.

Si es así, acepte esto como algo normal; no aumente sus preocupaciones al reaccionar a su tartamudez. Si el conflicto familiar continúa, puede tener mas disritmias. Para contraatacar esto, ponga especial atención a su relación afectiva con él. Si se toma un tiempo y esfuerzo extra en estos momentos difíciles, el habla de su pequeño probablemente retornará a su nivel de fluidez usual.

Reduzca interrupciones

Es fácil interrumpir a alguien que tiene muchos titubeos en su hablar; y si su niño está mostrando signos de tartamudez, esto debe ser evitado. No trate de eliminar completamente las interrupciones, pero trabaje con empeño para reducirlas. Esté alerta para los momentos cuando lo que está diciendo es de especial importancia para él y trate de evitar cualquier interrupción en ese momento.

Busque otras cosas que le dificulten la fluidez. ¿Se le dificulta más el hablar cuando está haciendo otra cosa al mismo tiempo? Anímelo a dejar la otra actividad cuando quiere hablar. Si se lastima al jugar o se sobreexcita por alguna razón, no le pida explicaciones hasta que se haya calmado. Con un poco de esfuerzo, Usted podrá encontrar muchas situaciones cotidianas, donde con un pequeño cambio en el modo de hacer las cosas, le facilitará a él el hablar con más fluidez.

Sugerencia 5: Maneje la conducta de su hijo

Las dudas propias y los sentimientos de fracaso se levantan cuando Usted pide en su hijo la medida de una imagen ideal. ¿Está Usted pidiéndole un nivel de perfección que es muy alto? Las dificultades del habla surgen muy seguido durante esos episodios y pueden volverse condicionadas a esos sentimientos.

Tenga expectativas apropiadas en cuanto a su conducta

Algunas veces nosotros esperamos que nuestros niños hagan o digan ciertas cosas porque es socialmente correcto el hacerlo. Si Usted espera que su niño siempre esté en su mejor momento, Usted espera demasiado.

Hay que tener tolerancia para su edad y sus habilidades. Aprender la forma correcta de actuar o decir las cosas correctamente toma tiempo. Él aprenderá por su propio ejemplo y querrá especialmente ser como Usted si Usted lo alaba cuando lo hace bien. No lo regañe o lo haga repetir sus acciones o palabras muchas veces, pensando que esto lo ayudará a aprender. Después de todo, todavía es muy pequeño. Si Usted se siente apenado por tal comportamiento de su parte, sus expectativas son muy altas.

Corrija el comportamiento, no al niño

El mal comportamiento puede ser manejado de tal manera que no se desarrollen otros problemas. El aprender a manejar sus sentimientos y acciones en forma positiva es importante.

Si hace sentir a su niño culpable y avergonzado cuando se porta mal, Usted le está enseñando que él es malo. En vez de eso, concéntrese en enseñar que su *comportamiento* estuvo mal. Usted puede hacer esto cambiando la manera de corregirlo. Por ejemplo, en vez de decir, *"¡Eres malo con tu hermanita!"* trate de decir, *"¡El jalarle el pelo a tu hermana es malo!"* Esto señala que su comportamiento causó un problema, en vez de enseñarle que él es el problema.

¿Cómo maneja sus arrebatos de ira? Obviamente algunos controles son necesarios. Necesita aprender a manejar sus emociones efectivamente. Si Usted trata esto como algo que tiene que ser suprimido, las disritmias que tan a menudo ocurren en este momento serán exageradas en su mente. Cualquier método que Usted use para controlarle deberá evitar hacerle sentir que es malo por lo que siente. No lo avergüence de ninguna manera. Después se puede discutir calmadamente su comportamiento y explicar que hay muchas maneras de sobrellevar sus sentimientos. Esto ayudará a enfatizar la diferencia entre **tener** un sentimiento y lo que uno **hace** con él.

Escuche su propio lenguaje cuando Usted está enojado con su pequeño. Sin importar como maneja Usted la crisis inmediata, ¿Cómo le da seguimiento?

El niño necesita explicaciones para que pueda saber lo que Usted le quería enseñar cuando Usted estaba enojado. Ayúdele a entender que Usted necesita dejar salir sus propios sentimientos. De una manera u otra, necesita una explicación. No espere que cambie su manera de ser enseguida-se necesita tiempo y experiencia-pero aliente cualquier mejora.

Sea consistente con la disciplina

Hay guías generales a seguir que afectarán los sentimientos de su pequeño hacia sí mismo y los demás. Cualquier cosa que le cause un sentimiento de ser un fracaso puede hacerle dudar cuando hable. Al mismo tiempo, Usted necesita enseñarle a comportarse adecuadamente y actuar de modo que sea cómodo confortable para Usted y el resto de la familia. La forma en la cual Usted haga esto tendrá una influencia directa en sus sentimientos hacia él mismo.

La manera como Usted usa el idioma para castigarle o premiarle también es importante. Las palabras y expresiones pueden ser tan fuertes y tan dolorosas como darle de nalgadas. El usar palabras de este modo hacen fácil el controlarlo, pero el precio es muy alto.

Cuando Usted le grita o le castiga de otras maneras, ¿Cómo reacciona? Se congela o luce como si estuviera terriblemente asustado?, O por estar Usted muy enojado ¿no se percata de cuál es su reacción? En cualquier caso Usted está usando su exaltación como un mazo para forzarlo a comportarse. Este método puede funcionar por un tiempo pero solo en sacrificio de su seguridad. Otro mazo emocional que algunos padres usan es: *"Si me amas y me quieres y quieres que te quiera, debes de hacer siempre lo que yo quiero que hagas."* Recuerde concentrarse en su comportamiento a dejarle saber que su conducta es inaceptable, pero que Usted sabe que puede cambiar su manera de portarse y que lo ama sin importar nada.

Examine sus métodos de disciplina: recompensas y castigos.¿Hasta qué grado éstos representan un objetivo y una actitud afectiva de parte suya? Trate de evitar métodos que son muy emocionales, muy prolongados o muy duros. Use su buen juicio. Usted no quiere ser errático o aleatorio acerca de su manera de disciplinar, ni tampoco ser demasiado rígido.

Controle la excitación

Eventos especiales, vacaciones próximas o empezar a asistir al preescolar son tiempos de mucha excitación, pero pueden ser muy estimulantes para un pequeñito. Los padres a menudo nos dicen que su pequeño era muy fluido en el verano y de pronto empezó a tener problema justo antes de que la escuela empezara.

Si Usted nota menos fluidez durante estos días, deberá tratar de reducir la intensidad de la situación. Algunas veces la fuente del problema es el más alto punto de excitación que dura un período de tiempo muy largo. La Navidad puede causar una combinación de alta excitación y de frustración posterior. Una familia manejó este problema tomando casi todo el día para abrir los regalos. Cada vez que un pequeño abría un regalo, él debía tomarse tiempo para jugar con éste, probarse las ropas nuevas, o hacer que le leyeran parte del libro nuevo. De esta manera, la excitación era mantenida en un nivel más agradable. Los niños no estaban frustrados por hacer todo muy rápido. Lo mismo puede hacerse en los cumpleaños.

Cuando está preocupado acerca de su niño, se le notará. Puede empezar a tratarlo de manera diferente, perder la paciencia más fácilmente o hacer otras cosas que son diferentes de la forma cómo Usted interactúa normalmente con él. Ellos son muy sensibles a su propio estrés y preocupaciones, así que el mejor modo de ayudarle es asegurarse de primero cuidar de Usted mismo.

Si Usted está preocupado de la tartamudez de su hijo, el conseguir información acerca de esto le puede ayudar a sentirse mejor. Ya está en camino nada más por estar leyendo este libro. Actúe siguiendo las sugerencias que le damos aquí. Esto le ayudará a sentirse menos preocupado, porque Usted está haciendo algo por él en vez de nada más estar pensando y preocupándose acerca de su problema.

Vigile a los hermanos

Si su hijo tiene hermanos o hermanas, Usted está muy consciente que ellos pueden ayudar o dificultar su desarrollo. Ellos lo estimulan a hablar pero no le darán oportunidad para hacerlo. Como los pajaritos en un nido, todos sus hijos compiten por su atención con modos muy particulares y el que habla más rápido y más fuerte es el que triunfa en conseguirlo.

El niño con una tendencia a tartamudear muy a menudo necesita tener los controles puestos en el resto de la familia para asegurarse de tener una oportunidad justa de hablar. Si se inclina a estar más escondido y dudoso que los otros, necesita su apoyo más seguido. Usted lo puede animar a hablar diciéndole a los hermanos y hermanas, ¿ *"Me pregunto lo que tu hermana piensa de esto?"* y voltear hacia ella para que sepa que es su turno. Si los hermanos y las hermanas interrumpen, deténgalos y déjeles saber que no es su turno en este momento y que podrán tener un turno cuando ella haya terminado de hablar.

Esto no significa que siempre se le permitirá hablar, ni que hay unas reglas rígidas de que los otros niños nunca le interrumpan. Sea sensato. Todos los niños necesitan aprender a tomar turnos en la conversación. Si Usted sobreprotege a su niño porque tartamudea, empezará a hacer cualquier cosa que le de la ventaja sobre los otros. Sea flexible al determinar cuando necesita proteger su derecho de hablar y cuando necesita darle su turno a los otros para que ellos mismos hablen.

Cuando tenga una crisis de cualquier tipo, se le debe dar más atención, tal como cualquiera de los otros niños deben de tener, pero la crisis debe ser real no inventada. Cuando haya duda, póngale atención.

A pesar de que se comuniquen de maneras diferentes todos sus hijos deben tener la oportunidad de ser escuchados. Estas diferencias son deseables; les darán a sus hijos personalidades distintivas.

Esta actitud hacia las diferencias debe continuarse también fuera de la familia. Evite usar como diferencias a las características que hagan menos o degraden a cualquiera. Si su hijo ve que a Usted no le gustan las personas que se ven diferentes o están discapacitadas, Usted está diciéndole que las diferencias son malas. Él asumirá entonces su propia diferencia, tal como la dificultad en el habla, que también es mala.

Sugerencia 6: Use el sentido común

Le hemos dado algunas pautas generales y unas pocas sugerencias para tener formas constructivas de relacionarse con su hijo. Esperamos que Usted será razonable y consistente en lo que hace, pero no queremos imponerle patrones rígidos.

A una madre se le aconsejó establecer una rutina en cuanto al horario, para darle a su hijo un sentido de seguridad. Ella ajustó un horario rígido de las 7 de la mañana hasta las 8 de la tarde y que cada media hora tuviera exactamente la misma actividad cada día. Inútil decir, que esta rutina creó problemas adicionales. Un horario razonable y más relajación de parte de la mamá dio por resultado la mejoría en la fluidez.

Evite los extremos. Ponga atención en los efectos de cualquier cosa que Usted haga y esté listo para hacer ajustes en sus acciones y expectativas cuando vea la necesidad.

cuando la tartamudez parece más severa

Su hijo puede preocuparle porque por alguna razón u otra, parece ser menos fluido de lo que Usted piensa que debería ser. Ya sea que esté tartamudeando o no, Usted puede estar sustancialmente tranquilo por las sugerencias que le hemos dado. Sin embargo, puede ser evidente tanto para Usted como para el especialista que su niño es mucho más disrítmico que lo que se espera a su edad. En este caso Usted necesitará poner especial atención a ciertos procedimientos adicionales. Las sugerencias que siguen son para fomentar una mejor fluidez y prevenir el desarrollo de una severa tartamudez. Si Usted necesita ayuda más específica para su situación única, el especialista deberá ayudarle.

Reduzca la presión del tiempo

La presión del tiempo puede afectar adversamente al habla de cualquier persona, pero especialmente la de un niño pequeño. A pesar que las presiones de tiempo se presentan en formas variadas, hay dos tipos de los que Usted debe estar alerta: 1) el comunicativo y 2) el estilo de vida.

Presión de tiempo comunicativa

Un buen ejemplo de la presión de tiempo comunicativa es cuando un oyente reacciona - ya sea con palabras o con lenguaje corporal - hacia las disritmias del niño diciéndole: *"más despacio"*, *"tómate tu tiempo"*, *"relájate"*. O cuando un oyente reacciona justo en la forma contraria: *"apúrate y ya termina de decirlo"*, *"no tengo todo el día..."* Algunos oyentes le dirán al niño que "hable despacio" un minuto y luego al minuto siguiente que se apure, ya que no tienen todo el día.

De cualquier manera en la que el oyente adulto reaccione, el niño puede recibir el mensaje de *"Será mejor que yo trate de hablar tan despacio (o tan rápido) como quieren que lo haga."* La experiencia indica que los niños que reciben esta clase de instrucciones, tiene problemas en mantener un habla normal y fluida.

En vez de tratarle de **decir** a su niño que hable más despacio o más rápido, **demuéstrele** un ritmo para hablar más apropiado. Para poder hacer esto Usted necesita examinar y entonces posiblemente cambiar algunos de **sus propias maneras** de hablar, al menos cuando habla con su hijo.

Si Usted piensa que está hablando "demasiado rápido", estudie y escuche su propio ritmo al hablar habla con él.

.......utilice un ritmo más lento para hablar...

Hemos escuchado padres que le dicen a su hijo "habla despacio" mientras que ellos están hablando a una velocidad vertiginosa. Nosotros le alentamos a pasar más tiempo escuchando el ritmo de habla de adultos parlantes, como en la televisión los personajes adultos clásicos, pero no los adolescentes que son conductores de programas infantiles, ya que suelen hablar muy velozmente. Esto le dará una idea del modo en que Usted puede empezar a hacer más lento su hablar.

Trate de pasar cinco minutos cada día usando esta velocidad al hablar con su hijo. Alargar las pausas **entre** sus palabras y oraciones le ayudarán a bajar su propio ritmo. Recuerde que, **el modo** en que Usted habla dice más a su niño que todas las instrucciones de *"habla más despacio"*, *"relájate"*, o *"apúrate"*.

Los adultos oyentes pueden agregarle a la presión del tiempo el terminar la oración del niño por él, justo en el momento exacto en el termina, o empezando a hablar antes de que él siquiera termine su oración. *Espere a que pase la crisis, —déjele terminar su oración—y retrase su propia respuesta por un segundo o dos.*

Mientras Usted comienza a (1) hablar más lento en su presencia (2) permítale que complete su oración y retrase por un segundo su propia respuesta. Usted estará **demostrando** más que diciéndole a su niño cómo hablar de un modo que promoverá un hablar más suave y fluido.

Recuerde que debe hacerlo, aunque sea por cinco minutos al día, ¡No será fácil! Usted probablemente se encontrará teniendo más éxito en el retrasar un poco sus respuestas, no terminando sus oraciones por él y no hablando antes de que él termine de hablar, que tratando de bajar su propio ritmo al hablar.

Cualquiera de todos los cambios que Usted haga hacia el hablar en una menos apresurada, será muy útil para su pequeño. Sabemos que esto no será fácil pero haga lo mejor que pueda.

Estilo de vida con presión de tiempo

Un buen ejemplo de la segunda clase de presión de tiempo, el estilo de vida, es cuando los padres ponen horarios rígidos, inflexibles, y arbitrarios para los momentos en que el niño se tiene que levantar, tomar el desayuno, el almuerzo, la cena, sacar la basura, ir a la cama y demás. Con frecuencia, los padres hacen esto en un intento de poner algo de orden en el caos y la confusión que a menudo existe en una familia muy activa. Cualquiera que sea la razón, cuando los padres requieren que los pequeños de la casa lleven sus vidas en estricto apego con el reloj, comúnmente se encuentran derrotados y frustrados. Además, toma demasiada energía el reforzar estos horarios y reglas.

Otro ejemplo de la presión del tiempo en el estilo de vida es cuando las familias están constantemente yendo de una actividad a la siguiente, con pocos o ningún descanso en el medio. El no dar suficiente tiempo en la mañana para estar listo para ir al colegio preescolar o a la guardería, causará que su pequeño tenga que apresurarse para salir de casa a tiempo, y puede ocasionarle presión de tiempo a su niño.

Los padres deben animarse a examinar su propio estilo de vida apresurado—**todo debe ser hecho a tiempo**—y buscar pequeños modos en los que puedan cambiar. Recuerde esto: a Usted le tomó toda una vida el desarrollar hábitos como el hacer que todo se haga en punto, haciendo todo Usted mismo para que todo se haga rápido, o no dejando suficiente tiempo entre cada acción, con lo que se está constantemente apresurando. Por ello no espere cambiar sus hábitos de la noche a la mañana. Sin embargo reducir esa urgencia de tiempo y una existencia regida por horarios, hará que Usted vea el efecto positivo que tiene en su niño y en Usted.¡Estamos seguros de que Usted se tomará el tiempo para hacer todo de una manera menos apresurada!

Acepte las disritmias

Probablemente Usted tuvo problemas en aceptar el hablar titubeante de su pequeño porque Usted teme que él desarrolle un tartamudeo permanente. Aún si Usted trata de reaccionar sin emoción, los sentimientos y actitudes profundos le demostrarán que esto tiene un efecto en su hijo. Para combatir esto, Usted necesitará desarrollar una comprensión a todas las clases de disritmias, muchas de las cuales son muy comunes en el hablar diario.

Estudie las diferencias de habla

Escuche a otros niños y adultos hablar, particularmente cuando no le están hablando a Usted. Cuente las disritmias: cualquier interrupción en el ritmo de las palabras tales como repeticiones, dando marcha atrás, pausas o inserciones de ruidos extraños. Hágase consciente de cuantas disritmias aparecen en el lenguaje normal. También note, cuántos tipos diferentes hay de disritmias. Pausas que se usan para dar énfasis, claridad gramatical, o para pensar y son interrupciones perfectamente normales. Si Usted escucha a sus propios descansos en la fluidez, se encontrará volviéndose muy perceptivo hacia ellos. Se impresionará de qué tan seguido ocurren las disritmias como una parte general en el cauce del habla de cada persona.

Su pequeño probablemente tiene más de estas pausas en su fluidez que Usted. Notará la variación y la frecuencia de éstas. Hasta habrá veces cuando su pequeño sea perfectamente fluido.

Esto deberá tranquilizarle porque le demuestra que realmente sabe cómo hablar y que con práctica continúa, él puede mejorar aunque no sea perfecto todo el tiempo, ni debería serlo. Como resultado, Usted empezará a considerar las disritmias en una perspectiva diferente.´

Aumente su tolerancia a las disritmias

La misma cantidad de disritmia que causa que un oyente se ponga nervioso puede pasar desapercibida para otro. Si Usted nota que las disritmias de su niño lo continúan alterando, debe de tratar de aumentar su tolerancia a ellas.

Pregúntese Usted las siguientes cuestiones que lo llevarán a una mayor aceptación.

- ¿Por qué está Usted alterado cuando su pequeño toma más tiempo en decir algo de lo que Usted piensa que él debía tardarse?

- ¿Espera Usted un nivel de fluidez que él no alcanza?

- ¿Por qué espera Usted que sea hable más fluido de lo que lo hace? Porque otros niños de su edad hablan más fluido, o porque sus otros hijos lo son?

- ¿Es importante que él se desarrolle tal como los otros lo hacen?

- ¿Se toma Usted el tiempo necesario para oír lo que él tiene que decir?

La mejor manera de mejorar su interrelación con ella se requiere tomarse su tiempo

- ¿Todavía le preocupa que pueda empeorar?

- ¿Siente que su hablar titubeante es un signo de inferioridad básica?

- ¿Le preocupa qué pasará con cuando vaya a la primaria?

Todo esto puede simplemente estarse agregando al problema que está teniendo.

Exprese aceptación

Otra manera importante en que puede ayudar a su niño es aceptando sus disritmias. ¿Qué significa esto? Significa que Usted demuestra a su hijo, a través de sus acciones y sus palabras, que las disritmias no cambian lo que Usted siente por él. ¿Cómo le muestra su aceptación a la conducta de otros? Esencialmente Usted se dice a sí mismo. "He notado que él está haciendo esto pero no importa. Mis sentimientos hacia él no han cambiado. La mayoría del tiempo casi ni lo noto. Usted reconoce que muchas habilidades se desarrollan en los niños en diferentes etapas pero no reacciona a esas diferencias hasta que se vuelven extremas. Aún entonces, generalmente no hace nada hasta que el problema ya ha durado mucho tiempo.

Una madre mejoró la aceptación al lenguaje fraccionado de su hijo repasando como había reaccionado ella cuando estaba aprendiendo a comer con cuchara. Él trató a tientas y salpicó la comida muchas veces en un proceso que tomó varios meses y todavía no era perfecto cuando ella nos contó su experiencia. Ella recuerda que logró no inquietarse por su torpeza; la consideró normal y por lo tanto estuvo muy complacida cuando triunfó. Conforme pasaron las semanas, las salpicaduras fueron menos aunque en algunas comidas fueron pequeños desastres. Gradualmente el pequeño se vuelve más competente y ella pudo aceptar sus dificultades ocasionales sin emoción. Se dio cuenta de que podía reaccionar al desarrollo de su lenguaje en la misma forma.

Estamos conscientes de lo difícil que puede ser para Usted llevar a cabo estas instrucciones si su pequeño está tartamudeando severamente. Le puede ayudar recordar que él lo está haciendo lo mejor que puede. Y Usted también. Cuando Usted reacciona emocionalmente, lo obliga a luchar más duro parando, evitando o disfrazando su tartamudez y esto lo hace peor. No vuelva su problema más complejo de lo que ya es.

Describa el comportamiento, en lugar de etiquetarlo

También reconocemos que ésta distinción entre disritmias normales y tartamudez o disritmias anormales no son hechas por el público en general. La gente comúnmente dice *"Yo mismo tartamudeo de vez en cuando"* o *"Todo el mundo tartamudea"*, cuando en realidad se refieren a disritmias normales.

Quizá Usted o algunos otros familiares han etiquetado la tartamudez de su hijo o lo llaman tartamudo. En este caso, Usted no debe hacer un esfuerzo desesperado y repentino de nunca mencionárselo a ellos, por las razones dadas previamente. Pero es mejor usar términos descriptivos en vez de una etiqueta. Explique que él está repitiendo algunas palabras, sonidos o sílabas o que está dudando, interrumpiendo su habla, deteniéndose, haciendo pausas o insertando ciertos sonidos. Desde luego ninguna palabra puede tener una connotación negativa si es usada con inflexiones vocales o expresiones faciales que lo designan como indeseable. La palabra disritmia, la cual hemos usado a través de este libro, trata de ser un término neutral pero podría muy bien volverse tan negativo como la etiqueta tartamudez si es usada en forma errónea.

Si su pequeño lucha frecuente e intensamente con sus disritmias y demuestra ansiedad y miedo, Usted necesitará hacer más que simplemente aceptar su forma de hablar. Debe de continuar usando tantos términos descriptivos como sea posible cuando hable de su tartamudez con él. Si Usted nota músculos tensos, parpadeos, tics nerviosos, evitación a tratar de decir palabras, posturas de la boca que no producen sonidos o comportamientos similares, puede decirle que se está esforzando mucho o que está trabajando mucho. Al mismo tiempo Usted no debería hacer esfuerzos especiales para ocultar la etiqueta de él si los demás están pensando que su hablar es tartamudez. **El evitar completamente el uso de la palabra en estas circunstancias lo vuelve más ansioso y preocupado. Las palabras no son malas, lo es la forma en que se usan.**

Un término debería ser evitado. Trate de no verlo como "un tartamudo." Hay una sutil pero crítica diferencia entre *"Él es un tartamudo"* y *"Él tartamudea"* La primera oración lo aparta como una persona separada mientras que la segunda dice que él está **haciendo** algo, tal y como hace muchas otras cosas.

Reduzca su ansiedad

Estamos conscientes de su dificultad al escuchar a su pequeño tartamudear y de su ansiedad natural acerca de él. Una madre que trajo a su hijo a la clínica del lenguaje expresó que se sentía desgastada y sobrepasada mientras su niño luchaba con el habla. Aunque parece difícil, Usted puede hacer algo acerca de su propia ansiedad.

Recuerde que la mayoría de los niños que tartamudean no lo siguen haciendo durante el resto de su infancia. Su comprensión, ayuda y apoyo cuando el problema está en las primeras etapas incrementa importantemente la probabilidad de que su hijo alcance la fluidez normal. La habilidad que Usted ponga en ver objetivamente su tartamudez y el entender lo que él está haciendo —y que puede modificarse en la forma como hacemos las cosas— reducirá su ansiedad. Sus esfuerzos para determinar su severidad y consistencia le darán algo positivo en qué trabajar. Esté consciente de que habilidad para observar su tartamudeo aumenta y refrene el ponerse tenso o alarmado cuando de pronto él tartamudee.

Concéntrese en lo que está pasando ahora y no en lo que puede pasar en los años venideros. Determine qué tanta fluidez tiene ahora. Si cuenta sus palabras por un período de tiempo, notando las dificultades, se encontrará con un porcentaje sorprendente de palabras que son perfectamente normales —no todas ellas perfectamente fluidas, pero ciertamente aceptables para su edad. Aquí tendrá amplia evidencia de que él sabe como hablar.

Cuando los factores que aumentan o agravan su tartamudeo intermitente son reducidos, él se verá más libre de hablar sin interrupciones indebidas. Mientras tanto, Usted y él tienen un problema que se trabaja mejor si ambos están menos tensos.

Reaccione apropiadamente a la tartamudez

¿Cómo se reacciona "apropiadamente"? La mayoría del tiempo no reaccione en absoluto. Esto es, sea tan neutral como le sea factible.

El tartamudear puede ser tan molesto para su niño y distraerlo tanto, que una total falta de reacción de parte de Usted sería inapropiada. En este caso, debería demostrarle que Usted reconoce lo que él hizo sin demostrar ninguna señal de sorpresa, crítica o pena.

Ni tampoco sugerirle que haga algo acerca de ello. Usted podría decirle *"Qué complicada es esa palabra, verdad?"* o *"¡Cómo has trabajado en esa palabra!"* o *"Algunas palabras son difíciles de decir, ¿no?"* Estos deben ser presentados como hechos consumados. Otras veces, solamente trate de sonreírle con una sonrisa una mirada y una palabra que diga, *"Algunas veces las palabras no salen fácilmente".*

Ocasionalmente sus combinaciones de sonidos y su ritmo será divertido; ría con él y siga con la conversación. Hasta puede desplegar una suave simpatía para él. La inflexión vocal y el tiempo que se de a estas reacciones es vital. En la clínica de lenguaje frecuentemente observamos a los padres que han aprendido a manejar este problema bellamente. Una madre cambió su horror al tartamudeo en una actitud de admiración hacia su hijo, que encontró la manera de comunicarse bien a pesar de un severo problema y su actitud se reflejó en su voz.

Nos damos cuenta de cuan difícil es cuando Usted se encuentra preocupado o siente pena por su hijo mientras él lucha, pero trate de no sumar nada a su ansiedad. Quizá Usted necesite trabajar en sus propios sentimientos antes de poder reaccionar como lo hemos bosquejado. No queremos decir que Usted deba esconder todos sus sentimientos de simpatía por su hijo; solamente deje que su sentimiento salga en forma de una actitud constructiva de amor que lo ve más allá de "un tartamudo." El problema es una parte tan pequeña de lo que él es. Es solamente—un problema que necesita ser trabajado, como cuando moja la cama o se pica la nariz—que necesitan ser manejados en forma sensible.

Hable abiertamente acerca de la tartamudez

Algunos especialistas pueden trabajar con los padres del pequeño que tartamudea sin siquiera mencionarle el problema al niño. Sin embargo cuando él vaya con el especialista, debe decirle a su hijo que es porque está teniendo problema con las palabras por "atorarse", y Usted quiere que un experto lo escuche y trate de encontrar modos de ayudarlo. Él puede hacer preguntas acerca de su manera de hablar tales como *"¿Por qué no puedo hablar?"* o *"Por qué me atoro?"* o bien *"¿Qué pasa conmigo?"* En otros momentos, la mirada en la carita de su hijo cuando está especialmente preocupado puede necesitar una respuesta positiva por parte de Usted. Notará que él tiene la idea de que el tartamudear debe ser escondido. El hecho de llevarlo con un especialista y hablarlo abiertamente por Usted le ayudará.

Preguntas como *"¿Por qué tartamudeo?"* son las más difíciles de contestar, pero Usted puede satisfacerlo con explicaciones cortas. He aquí un ejemplo de lo que puede decirle:

...hable abiertamente acerca de la tartamudez

Todos nosotros nos enredamos o atoramos algunas veces. Algunos de nosotros lo hacemos más que otros. Lo niños pequeños pueden dudar más porque apenas están aprendiendo a hablar. También se tambalean más cuando caminan y corren. Cuando tienen problemas al hablar, a veces tratan con mucho empeño y esto lo hace peor.

Al corregirlo cuando se tambalea al hablar, puede ayudarlo a entender que todos nosotros tenemos a veces problemas al hablar. Cualquier pregunta acerca de si hay algún problema en él, debe ser respondido con un "no", y seguido por una completa explicación de lo que está pasando cuando él tartamudea, tal como, *"sostuviste ese sonido por mucho tiempo"* o *"estuvo un poco brincador"* Usted puede usar esas oportunidades para tranquilizarlo y decirle que está bien que se atore si siente que no puede hablar de otro modo. La idea principal es ser tan descriptivo como sea posible, mantener las explicaciones simples y evitar el sonar misterioso o emocional.

Proporcione instrucciones directas, eventualmente

Después de preguntar *"¿Por qué?"* su hijo puede preguntar *"¿Cómo puedo pararlo?"* La mejor sugerencia es *"No trabajes tan duro"* o *"Trata de relajarte y suéltate"*. Un padre demostró esta idea al apretar su puño y aflojarlo mientras *"dejaba gotear hacia fuera un ruido"* Usted puede enseñar a su niño dos maneras de decir una palabra—la *"dura"* y la *"fácil"* al dejar salir un sonido. Si necesita repetir las palabras o sonidos debe de tratar de hacerlo en forma relajada; es la lucha lo que hace empeorar las cosas. Si él dice que no puede de otra forma, dele el tiempo que necesite. Sobre todo, no se irrite cuando él no pueda hacerlo o no pueda seguir su consejo.

No le diga como no tartamudear. Consejos tales como *"Respira profundo"*, o *"Piensa lo que quieres decir antes de hablar"* o *"Habla despacio"*, complicarán su problema por lo menos en tres formas:

1. Esto implica que si el hiciera las cosas bien, no tartamudearía.

2. Lo hace sentir culpable porque no puede seguir el consejo.

3. Con frecuencia le agrega conductas erróneas a su lenguaje que lo distraen, al igual que a sus oyentes, y además impide el flujo del habla.

Disminuya temores y frustración de hablar

Una de los mejores modos de hacer esto es animar a su niño a hablar acerca de sus miedos, ansiedades y frustraciones. Esto significa que debe Usted estar preparado a aceptar como él se siente, sin críticas ni desaprobación, a pesar de cuan irracionales le parezcan a Usted sus sentimientos. No son signos de debilidad o de desadaptación; demuestran que es humano. Un padre expresó sus propios temores, pasados y presentes y estuvo dispuesto de pasarle la idea a su hijita de que todo el mundo tiene miedos.–y que está BIEN tener miedos–y que todos aprendemos a reducirlos.

Muchos de los miedos de su hijo pueden no estar directamente relacionados con el habla, pero pueden tener un efecto integral sobre él al hacerle más inseguro y retraído. El sacar sus miedos a la luz y tranquilizarlo diciéndole que Usted le acepta al igual que a sus miedos, puede reducir grandemente la importancia que él les conceda.

Favorezca la independencia

Evite aumentar los miedos de su niño sobreprotegiéndolo. No le haga todo ni arregle su vida de tal forma que él no necesita ni hablar. Si habla por teléfono, anímelo. La sobreprotección eventualmente se adicionará a susa miedos de hablar y de tartamudear.

Enfrente los temores paso a paso

Hay maneras adicionales de lidiar con los miedos de su pequeño, muchos padres permiten a sus hijos tener una luz tenue para quitar el miedo a la oscuridad. Trate de acercarse paulatinamente paulatinamente a aquello que causa su miedo, deténgase temporalmente cuando demuestre miedo. Siga adelante hacia la fuente del miedo cuando esté listo. Nunca lo fuerce; tome el tiempo necesario.

Un niño saldrá del cuarto siempre que haya visitantes en la casa. Su mamá le ayudó a esperar hasta que los visitantes estuvieran sentados y platicando, entonces llamó al pequeño y le pidió que le trajera algo; la primera vez fue una rebanada de pastel que ella estaba sirviendo. En visitas siguientes, el niño ya pudo estar sentado callado en su regazo en una parte de la visita y decir "adios" cuando se fué. Las barreras fueron superadas gradualmente.

Enseñe a su hijo como enfrentar las frustraciones

Si su niño se encuentra en períodos severos de bloqueo y tartamudeo, probablemente construirá una gran frustración. Muchos padres describen varios modos de hacer frente efectivamente con esto. Uno estimuló a su hijo a pegarle a un muñeco inflable de Bobo el Payaso tan fuerte como pudiera, hasta que se sintiera mejor. Otro habló con su hijo en privado y le permitió decir lo que quería sin ninguna muestra de desacuerdo, sólo tranquilizándolo y diciéndole que comprendía sus sentimientos. El ejercicio al aire libre es muy útil también para reducir la tensión, como lo son también las actividades donde la expresión es no verbal.

Una palabra de despedida

Hemos bosquejado muchas cosas que Usted puede hacer para permitirle a su hijo la mejor oportunidad de desarrollar una fluidez normal. Si Usted lleva a cabo nuestras sugerencias, trate de ir más adelante. Busque modos de darle más de Usted a su hijo, pasando más tiempo jugando y hablando con él y demostrando interés en sus intereses.

Haga esto no solamente porque su niño tartamudea, sino por el placer mutuo de estar juntos. No busque o espere agradecimiento. No le está haciendo un favor que merece gracias especiales, en vez de eso sea un padre más reconfortante y receptivo.

También querrá preguntarle al especialista por métodos apropiados a su situación específica. Si Usted la crea, los métodos resultarán mejor que los nuestros. Nada más trate de mantener claros en su mente los principios generales que hemos descrito para obtener una relación positiva con su hijo.

ENCONTRANDO AYUDA PROFESIONAL

La Stuttering Foundation con teléfono desde los Estados Unidos desde América 1-800-992-9392 y su página web www.stutteringhelp.org (www.tartamudez.org en español) le proporcionará nombres de especialistas en habla y lenguaje, con experiencia en tartamudez. Además dentro de los lugares donde puede recibirse evaluación y tratamiento, recuerde que muchas escuelas también están incluídas, hospitales clínicos (busque bajo el rubro de pacientes externos, consulta externa, foniatría, o terapia de lenguaje), o bien una clínica de audición y lenguaje de alguna universidad.

No importa a quien elija no se olvide de preguntar:

- ¿Tiene Usted, o la terapeuta que verá a mi hijo, experiencia en personas con tartamudez?
- ¿Usted, o la terapeuta, tienen experiencia con niños?
- ¿La terapeuta está certificada por la Asociación correspondiente? ¿Usted como médico, está certificado por el Consejo Médico de la especialidad de Foniatría?

La Fundación Americana de Tartamudez es una organización de caridad sin fines de lucro dedicada a la prevención y tratamiento de la tartamudez. Si usted cree que este libro le ha ayudado, envíe una contribución a la Stuttering Foundation. Las contribuciones pueden ser rebajadas del impuesto sobre la renta.

THE
STUTTERING
FOUNDATION®

A Nonprofit Organization
Since 1947—Helping Those Who Stutter

P.O. Box 11749 • Memphis, TN 38111-0749

800-992-9392
www.stutteringhelp.org
www.tartamudez.org